Bibliografische Information der Deutschen Nationalbibliothek:

Die Deutsche Bibliothek verzeichnet diese Publikation in der Deutschen National-
bibliografie; detaillierte bibliografische Daten sind im Internet über http://dnb.d-
nb.de/ abrufbar.

Impressum:

Copyright © 2015 GRIN Verlag, Open Publishing GmbH
Druck und Bindung: Books on Demand GmbH, Norderstedt Germany
ISBN: 978-3-668-11704-4

Dieses Buch bei GRIN:

http://www.grin.com/de/e-book/312982/moderne-menschenbilder-im-vergleich-
mit-dem-christlichen-modell

Leopold Lampelsdorfer

Aus der Reihe: e-fellows.net schüler-wissen

e-fellows.net (Hrsg.)

Band 1583

Moderne Menschenbilder im Vergleich mit dem christlichen Modell

GRIN Verlag

Inhaltsverzeichnis

1 Einleitung

„Was ist der Mensch?" Solange es Menschen gibt haben sie sich diese elementare, tiefgreifende Frage gestellt und versucht, Antworten auf sie zu entwickeln. Bei Kant, einem der größten deutschen Philosophen, hat diese Problemstellung Platz unter den anderen drei Hauptfragen der Philosophie gefunden. Diese Richtung der Philosophie wird heute als Anthropologie bezeichnet, als Lehre vom Menschen und Philosophen, Künstler und Schriftsteller arbeiten sich seit Jahrhunderten daran ab, immer neue Perspektiven findend. Doch warum ist es überhaupt so wichtig, sich mit sich selbst zu beschäftigen? Letztendlich scheint es doch nur verschwendete Zeit, weil ein Menschenbild keinen unmittelbaren Nutzen für das Leben hat, so mag man pragmatisch argumentieren. Doch ist es wirklich so, dass Menschenbilder uns noch nie beeinflusst haben? Ist es nicht so, dass sämtliche Denkansätze des Menschen, wenn auch oft unbewusst ein Menschenbild voraussetzen? Woraus wären sämtliche Gesetze entstanden, wenn ihre Autoren sich während ihren Überlegungen nicht immer an einem Menschenbild orientiert hätten? Ist ein Menschenbild nicht Grundlage jeder Handlung, jeder Ethik? Ist nicht der Satz „Was soll ich tun?" immer mit der Frage „Was ist der Mensch?" verbunden, woraus dann der Mensch auf seine Möglichkeiten und Pflichten schließt? Denn nur aus einer Beurteilung seines Gegenübers kann der Mensch entscheiden, wie er handeln soll. Dieser notwendige Zusammenhang von Anthropologie und Ethik zeigt sich etwa im Grundgesetz der Bundesrepublik Deutschland: Im ersten Paragraphen steht etwa: „Die Würde des Menschen ist unantastbar." Dies ist die Prämisse jeglichen deutschen Rechts, in ihr wird ein Menschenbild vermittelt. Auf der Basis dieser Wesensbestimmung des Menschen können dann die daraus folgenden ethischen, beziehungsweise rechtlichen Vorgaben entwickelt werden. In diesem Fall ist es der unbedingte Schutz dieser Würde durch den Staat: „Sie zu achten und zu schützen ist Verpflichtung der staatlichen Gewalt." Ohne die vorhergegangene Wesensbestimmung des Menschen wäre keine ethische Vorschrift möglich gewesen. Folglich haben auch wir immer in der Interaktion mit anderen Menschen unbewusst ein Menschenbild von ihnen vor Augen, nach dem wir unser Gegenüber beurteilen und daraus entscheiden, wie wir handeln. Deshalb ist zum Verständnis und zur Kritik jeder Ethik, jeder Gesetzgebung und des Denkens einer ganzen Gesellschaft eine Aufklärung des Menschenbildes notwendig.

Eine heute immer noch sehr einflussreiche Ethik, die von einem Großteil der Menschheit getragen wird und die angeblich auch den Grund der Verfassungen vieler Staaten trägt, ist die christliche. Doch genügt diese heute noch, um ihre „Funktion" zu erfüllen, ist sie noch zeitgemäß? Um dies zu prüfen, sollen im Folgenden drei Menschenbilder, die von Geisteswissenschaftlern des letzten Jahrhunderts entwickelt wurden, vorgestellt werden, um diesen dann das biblische Menschenbild gegenüberzustellen und ein modernes mit dem christlichen zu vergleichen. So soll geklärt werden, ob es Ähnlichkeiten zwischen diesen anthropologischen Perspektiven gibt und ob das christliche Menschenbild eine völlig unterschiedliche Denkweise verfolgt als heutige Menschenbilder. Dies könnte darauf hindeuten, dass es mit der heutigen Gesellschaft und den in ihr lebenden Menschen nicht mehr kompatibel, weil veraltet, ist, was ein grundlegendes Überdenken jeglicher gesellschaftlichen Prinzipien zur Folge haben müsste. Daher sollte der Leser sich beim Lesen der Arbeit vor allem darauf konzentrieren, inwiefern er selbst diese Menschenbilder vertritt und ob diese in irgendeiner Weise Eintritt in sein persönliches Weltbild gefunden haben.

Im Folgenden sollen daher nun drei Menschenbilder, die im vergangenen Jahrhundert erarbeitet wurden, als Repräsentanten für heutige Menschenbilder vorgestellt werden. Mein Schwerpunkt liegt dabei auf der Anthropologie des deutschen Psychiaters und Philosophen Karl Jaspers, der als einer der wichtigsten Vertreter der Existenzphilosophie wesentlich das Denken der Philosophen des 20. Jahrhunderts geprägt hat. Neben ihm werden die Anthropologien des Psychoanalytikers, Sozialpsychologen und Philosophen Erich Fromm und des französischen Philosophen Emmanuel Levinas vorgestellt. Danach wird das christliche Menschenbild, vor allem durch den Apostel Paulus vertreten, vorgestellt und anschließend mit den Ausführungen Karl Jaspers verglichen.

2. Moderne Menschenbilder

2.1 Moderne Anthropologien im Vergleich mit dem christlichen Menschenbild

Vor dem Beginn der eigentlichen Arbeit bleibt noch zu klären, was ein Menschenbild ist. Es geht hierbei darum, ein universell anwendbares Bild zu erstellen, das klärt, was das Wesen oder auch der „Natur" des Menschen ist. Hierbei wird etwa erörtert, was der Mensch eigentlich ist, wozu er fähig ist, in welchen sozialen Gefügen er lebt, oder was ihn etwa erst zum Menschen macht. Die Sichtweise ist dabei keinesfalls eine kleinteilig-biologische, sondern vielmehr eine Abbildung und Erklärung des menschlichen Daseins insgesamt. Also stellen sie eine Synthese sämtlicher Handlungs- und Denkweisen des Menschen unter einem Begriff, der Seinsweise dar. Ferner wird der Begriff „Attribut" verwendet, um sämtlichen Besitz und das soziale Umfeld eines Menschen zu bezeichnen.

2.1.1 Sein ist Selbsterfahrung - Das Menschenbild Karl Jaspers

Grundlage für die Jaspersche Philosophie ist die Freiheit, die ein jeder Mensch – im Rahmen seiner gegebenen Natur - hat. Diese Freiheit hat zwei Ausprägungen: Die erste, dass der Mensch in allen seinen Entscheidungen frei ist, nach eigenem Willen zu handeln. Die zweite und ausschlaggebende ist, dass der Mensch frei ist, sich dafür entscheiden kann, er selbst zu sein oder dagegen. Dies ist die existenzielle Wahl des Menschen als Dasein, als das er frei in den oben genannten Entscheidungen ist, das heißt dass sie unausweichlich ist – jeder Mensch muss diese Wahl (ob bewusst oder unbewusst) treffen. Was es für Jaspers bedeutet, „man selbst" zu sein, soll im Folgenden dargestellt werden. Jaspers benutzt den Begriff des Daseins im Sinne des zuerst (durch Geburt) gegebenen Seins des Menschen in seiner Welt[1]. Das Dasein ist unanzweifelbar und faktisch gegeben, der Mensch wird zuerst als

---

[1] Vgl. Von der Wahrheit: Jaspers, K.: S.53

3

Dasein in bestimmte Gegebenheiten natürlicher, kultureller und historischer Art, seine Welt, geboren. In dieser Welt lebt der Mensch nun, laut Jaspers so: „Es selber [das Dasein] ist unreflektiertes Leben, ist Getriebensein in der Angst und im Jubel, ist seiner selbst nicht bewusstes Bewusstsein"[2] und es „bezieht sich auf es, ohne zu fragen, es meisternd und genießend oder an ihm leidend und erliegend"[3].

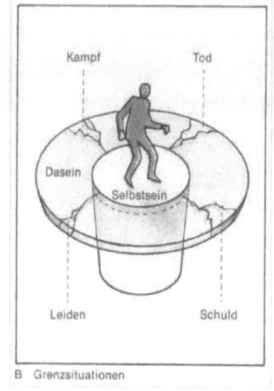

Abb. 1

Dies bedeutet: Das Dasein ist die nativste Seinsform des Menschen, in ihr ist er noch getrieben vom eigenen Willen nach Glück und Befriedigung[4], dem es alles unterwirft, seine Möglichkeiten, sein Sein-können sind jedoch noch nicht ausgeschöpft. Ein jedes Dasein wird in seinem Leben mit Grenzsituationen – Tod, Kampf, Leiden und Schuld – konfrontiert. Grenzsituationen bedeuten, dass das Dasein durch sie begrenzt wird, dass ihm seine Lebensbedingungen verändert oder genommen werden, ohne dass es darüber verfügen kann. Die Lebenssituationen, in denen der Mensch als Dasein lebte, brechen durch sie weg (siehe Abbildung[5]). Jeder Mensch macht in seinem Leben gezwungenermaßen Erfahrung mit dem Tod, zuerst dem seiner Nächsten, dann mit dem eigenen.

Doch wie wirken sich Grenzsituationen auf den Menschen aus? Dies soll nun an dem Beispiel dargestellt werden: Ein Mann lebt mit seiner Frau in einem Haus. Dieses Zusammenleben, das miteinander sprechen, diskutieren, streiten, lieben, heißt für Jaspers „Kommunikation". Die Kommunikation ist unter anderem nötig, um überhaupt das Selbstsein zu erreichen. Was dieses Selbstsein bedeutet wird noch im Folgenden vorgestellt. Durch einen Brand stirbt nun die Ehefrau des Mannes und sein gesamter Besitz ist vernichtet. Der Tod der Familie bedeutet für den Mann die Trennung von seiner Frau und das Faktum, dass er nunmehr alleine und einsam ist, er ist auf sich selbst „vereinzelt", weil ihm jeglicher Bezugspunkt zu seinem „alten Leben" verloren ist. Seine Frau lässt ihn durch ihren Tod allein, so muss er nun sämtliche Aufgaben des Alltags alleine auf sich nehmen, er ist wie verloren in der Welt, die ihm alleine immer weitere Aufgaben abverlangt. Er gerät an eine Grenze, an einen Punkt, an dem er seine eigene Endlichkeit, seine begrenzten Möglichkeiten, zu spüren bekommt.

Wie verhält sich der Mann angesichts dieser Grenzsituationen, nämlich dem Verlust seiner Frau und seines Besitzes, kurz seinen Attributen? Es gibt zwei Möglichkeiten, die der Mann als freies Dasein hat:

Bleibt er weiter in der Seinsform des Daseins haften, so verdrängt er den Tod seiner Frau als das „übermächtige Unglück" und versucht, „darüber hinweg zu kommen", etwa indem er alles zerstört

---

[2] a.a.O., S. 64
[3] Philosophie, Bd. II; Jaspers, K.: S. 204
[4] a.a.O., S. 41
[5] Abb. aus dtv-Atlas Philosophie: S.200

4

oder vergessen will, was ihn an seine Frau erinnert, oder indem er sich durch erneute Heirat von dem Tod ablenkt. Er als „bloßes Dasein kann vergessen, kann sich trösten"[6]. Dies tut er, indem er die Augen vor dem Faktum der Grenzsituation verschließt, davor, dass der Tod seiner Frau als Grenzsituation, als das Wegbrechen der Bindung, des Lebens mit seiner Frau (oder, wie Jaspers sagt, der „Kommunikation" mit ihr), notwendigerweise zur Existenz gehört. Diese Verneinung des Todes durch die Abwendung von ihm aber ist unmöglich und der Mann muss früher oder später an ihm zerbrechen, weil der Tod für das Leben jedes Menschen unausweichlich ist, dieser Mann ist nunmehr ein „Dasein ohne Erhellung zu dumpfem Brüten in der Hilflosigkeit niedergeschlagen"[7]. Durch die erneute Heirat versucht er nur, sich wieder Attribute zu schaffen, um sich vom Tod abzulenken, er versucht, wieder bloßes Dasein zu werden, um wieder die Geborgenheit zu finden, die ihm verloren gegangen ist. Dies tut er, um nicht er selbst sein zu müssen, um nicht sehen zu müssen, dass er als Dasein sterblich ist und kein Besitz ihn davor retten kann und somit nur von kurzer Dauer ist.

Erkennt er hingegen die Notwendigkeit des Todes und nicht etwa ein „übermächtiges Unglück" in ihm[8] als Mensch und tritt er in diese Grenzsituation so „offenen Auges"[9] ein, also wissend, dass sie notwendig sind, so wird der Mann existenziell erschüttert, die Attribute seines Daseins, seine Frau und sein Besitz, brechen endgültig weg. So vollzieht er nun den Sprung zur Existenz, zum Selbstsein, das sich dadurch artikuliert, dass er nun frei von allen Attributen (Besitz, Familie) selbst im Leben steht. Was zu ihm selbst gehört hat sich im Angesicht des Todes gezeigt. Der größte Prüfstein für die Wesentlichkeit eines Attributes (Familie, Besitz, etc.) des Daseins ist nämlich der Tod, sei es der des Nächsten oder der eigene, oder wie Jaspers es formuliert: „was angesichts des Todes wesentlich bleibt, ist existierend getan; was hinfällig wird, ist bloß Dasein."[10]. Das einzige, was letztlich jeder Grenzsituation bis zum eigenen Tod standhält, ist der Mann selbst, frei von allen Attributen. Daher verhelfen ihm die Grenzsituationen zu ihm selbst, seiner Existenz, da sie ihm die Attribute nehmen, die ihm von sich selbst entfernen. Daraus zieht Jaspers den Schluss: „Grenzsituationen erfahren und existieren ist dasselbe."[11] „Was zerstört wird durch den Tod, ist Erscheinung, nicht das Sein selbst."[12]Sein Besitz etwa ist nicht ein Teil seiner selbst, also nicht existenziell, weil er ihn nicht braucht, um zu sein. Das bedeutet im Fall des Mannes, dass seine Frau und sein Haus, nicht wesentlich für ihn sind, dass er ohne sie existieren kann. Diese werden ihm als Verursacher seiner Geborgenheit als Dasein genommen und so wird er auf sich selbst zurückgeworfen, es erfolgt ein „Sprung" zur Existenz, zu dem, was er eigentlich ist, nämlich frei von allen Attributen des Daseins.

„Durch jede Kommunikation dagegen, die sich einmal verwirklichte, ist absolute Einsamkeit für immer aufgehoben; der wahrhaft Geliebte bleibt existenzielle Gegenwart."[13] Das bedeutet, dass seine

---

[6] Philosophie, Bd. II; Jaspers, K.: S. 221
[7] a.a.O.: S. 203
[8] Vgl. a.a.O.: S. 223
[9] a.a.O.: S. 204
[10] a.a.O.: S. 223
[11] A.a.O.: S. 204
[12] a.a.O.: S. 222
[13] a.a.O.: S. 221-222

Frau durch das Beisammensein, die Kommunikation, in Gedanken immer bei ihm bleibt. Dadurch hat „der eigene Tod [...] aufgehört nur der leere Abgrund zu sein. Es ist, als ob ich mich in ihm, nicht mehr verlassen, der Existenz verbinde, die mir in nächster Kommunikation stand."[14]. Was also dem Mann auch über den Tod hinaus stets erhalten bleibt ist er sich selbst und seine Frau, weil sie beide sich durch ihr Miteinander im Leben gegenseitig so nahe waren, dass sie im Tod wieder Verbundenheit erleben. Deshalb ist für Jaspers die Kommunikation unerlässlicher Bestandteil des Weges zur Existenz, auch über den Tod hinaus.

2.1.2 Der Mensch zwischen Haben und Sein - Das Menschenbild Erich Fromms

Auch Fromm zeichnet den Menschen in seinem gesellschaftskritischen Buch „Haben oder Sein" vor dem Hintergrund des kalten Kriegs zwischen zwei Seinsweisen: Der des Habens und der des Seins. Diese beiden Begriffe zeigen die Charakterstrukturen, „deren jeweilige Dominanz die Totalität [also die Entscheidungen] dessen bestimmt, was der Mensch denkt, fühlt und handelt"[15]. Laut Fromm sind sie die geistigen Grundlagen der Gesellschaft und genügen damit zum Aufbau eines Menschenbildes. Sie sind bestimmt geartete Handlungs- und Denkweisen des Menschen, die das Wesen jedes Menschen bestimmen. Daher sollten sie nicht mit den bloßen Verben „etwas haben" oder „jemand sein" verwechselt werden.

2.1.2.1 Der Mensch in der Seinsweise des Habens

Die Seinsweise des Habens trägt laut Fromm die Momente des Besitzergreifens und des Besitzes mit der Intention des Profits als Prägung und Ziel des Menschlichen Denkens und Handelns. Das Besitzergreifen bedeutet gleichzeitig eine Unterwerfung, ein „Sich-hörig-Machen", wobei somit das Objekt der Unterwerfung seiner Lebendigkeit beraubt wird, weil es ein „Objekt-für-mich" und somit den eigenen „Anforderungen" angepasst sein muss. Fromm weist hier auf den Akt des Essens, bzw. des Kannibalismus hin, bei dem das Objekt (das Essen) dem Subjekt (dem Menschen) angepasst, d. h. getötet werden muss, um in den Besitz des Subjekts überzugehen, also von ihm unterworfen zu werden[16]. Ferner ist der Akt des Habens nicht ewig, da sowohl das Subjekt, der sterbliche Mensch, als auch das Objekt, „was zerstört werden, verloren gehen oder seinen Wert verlieren kann"[17], nicht fortwährend Bestand haben.

Doch das Haben ist nicht nur auf das unmittelbare Besitzen von Gegenständen, sondern eine Seinsweise, die den Menschen gänzlich gestaltet, nach der er sich richtet. Alltägliche Beispiele für diese menschlichen Prägungen sind etwa verschiedene Arten des Lernens, der Liebe oder des Wissens, bei

---

[14] A.a.O.: S. 221
[15] Haben oder Sein; Fromm, E.: S. 33-34
[16] Vgl. a.a.O.: S. 35
[17] a.a.O.: S. 80

denen der Mensch wie oben aufgeführt handelt: Er will Besitz ergreifen von einem Objekt. Ein Beispiel für die Wirkungen dieser Seinsweise ist das Lernen: Wenn etwa ein Mensch etwas lernt, den Inhalt des Gelernten aber nicht an sich heran lässt, das Gelernte nicht als Bereicherung des eigenen Lebens und Denkens sieht sondern es nur als Mittel benutzt, um daraus einen Nutzen zu ziehen, so handelt er laut Fromm in der Seinsweise des Habens. Er lernt nicht, damit er es weiß und so sein eigenes Denken so vervollständigt oder bereichert, sondern um das Gelernte möglichst bald anzuwenden, einen Nutzen daraus zu ziehen und es dann wieder zu vergessen, weil das Gelernte seinen „Zweck" erfüllt hat. Diese Art des Lernens ist nur darauf ausgerichtet, etwas zu besitzen und es für sich zu benutzen, es wird nur gelernt, um einen Zweck zu erfüllen[18].

2.1.2.2 Der Mensch in der Seinsweise des Seins

Das Sein hingegen hat zwei wesentliche Momente inne. Ihre Voraussetzung ist zunächst die „Unabhängigkeit, die Freiheit und das Vorhandensein kritischer Vernunft"[19]. Das eine verhält sich konträr zur Seinsweise des Habens und meint die „Lebendigkeit und authentische Bezogenheit zur Welt"[20]. Die Lebendigkeit ist ein aktives Tätigsein, ein „produktiver Gebrauch seiner menschlichen Kräfte"[21]. Aktivität meint ein „gesellschaftlich anerkanntes, zweckhaftes Verhalten, das entsprechende gesellschaftlich nützliche Veränderungen bewirkt."[22] Die aktive Tätigkeit ist jedoch nicht zu verwechseln mit der bloßen Geschäftigkeit, dem aufgezwungenen, eigentlich unfreiwilligen Handeln, das in Wirklichkeit passiv und somit scheinbar ist. Die Aktivität ist die Authenzität der Handlung, durch sie wird die Handlung vom Sein getragen.

Das zweite Moment ist das Gegenteil des Scheins und stellt die „wahre Natur, die wahre Wirklichkeit einer Person" im Gegensatz zu der Kopula „etwas ist" in ihrer Verwendung im deutschen Satz[23]. Das Sein des Menschen wird also durch das existenzanzeigende Wort „sein" beschrieben, nicht durch das (als Kopula fungierende,) „trügerische Sein"[24].

---

[18] Vgl. a.a.O.: S. 37-39
[19] a.a.O.: S. 90
[20] a.a.O.: S. 34
[21] A.a.O.: S.90
[22] A.a.O.: S. 92
[23] Diesen Gegensatz beschreibt die griechische Sprache durch die unterschiedliche Akzentuierung des Verbs mit der Bedeutung „sein" εivαι. Spricht man im Griechischen von der Realität der Existenz eines Wesens so wird das Wort als εστí geschrieben, meint man hingegen die Kopula, also um ein Substantiv mit einem Adjektiv zu verbinden und so das Substantiv näher zu beschreiben wird es als εστι, also unakzentuiert, geschrieben.
[24] Haben oder Sein; Fromm, E.: S. 33

Sein		Schein/Haben
Lebendigkeit; produktiver Gebrauch der menschlichen Kräfte; Beziehung zum Produkt, ich als handelndes Subjekt	Passivität; bloße Geschäftigkeit; etwas tun, ohne es eigentlich zu wollen; kein Bezug zur Arbeit des Subjekts	
Handlung, die aus dem Menschen kommt, die er aus tiefster Überzeugung will (Sein im Sinne des sanskritischen sant: so, wie es wirklich ist, gut wahr / εστι im Griechischen)	Scheinbar sein, nicht wirklich etwas sein, sondern nur oberflächlich, nicht tief-/existenzergreifend	
„Ich **bin** Handwerker, ich begreife mich als Handwerker und stehe mit Leib und Seele hinter meinem Beruf. Mein Beruf ist mir Berufung.	„Ich bin Handwerker, aber nicht immer und nur wenn es nötig ist, also nur während meiner Arbeitszeit. Ich übe den Beruf nur aus, **damit** ich Geld verdienen kann."	

Abb. 2: Der Mensch in der Seinsweise des Habens und des Seins am Beispiel eines Handwerkers

Dies alles sind die Grundmomente, die anzeigen, dass die Handlung eines Menschen vom Sein getragen ist.

Die Handlung eines Menschen erfolgt gemäß dem wirklichen Sein, wenn die Handlung der Charakterstruktur des Menschen entspricht und wenn die Handlung durch die Charakterstruktur getragen wird. Durch diese Konsistenz erlangt die Handlung ihre Wahrheit und Authenzität. Dies bedeutet, wiederum auf das bereits angeführte Beispiel des Lernens bezogen, dass ein Mensch lernt, weil es ihn interessiert, weil er Antworten sucht auf seine Fragen sucht und nicht etwa, weil er eine gute Note bekommen will. Ferner verknüpft er das Gelernte mit anderen Lerninhalten. So bleibt der Lerngegenstand lebendig und im Dialog, wobei er nicht, wie etwa beim vom Haben geleiteten Lernen, für den Menschen angepasst wird und somit als einzelner Lerninhalt lediglich auf Abruf zur Verfügung steht. Besteht hingegen eine Differenz zwischen der Handlung und der Gesinnung des Menschen, so handelt er scheinbar, gemäß dem Schein, also nicht der Wahrheit, seiner eigenen Gesinnung entsprechend. Der Mensch in der Seinsweise des Seins hingegen ist tätig, gebraucht seinen Verstand produktiv und ist nicht auf ständigen Besitz ausgerichtet, sondern handelt gemäß seinem eigentlichen Willen und somit im steten Einklang mit der Welt.

2.1.3 Die Begegnung mit dem Anderen - Das Menschenbild Immanuel Levinas'[25]

Ausschlaggebend für die Levinassche Philosophie ist die Suche, nach einem Weg, die Tyrannei, den Massenmord der Nationalsozialisten in der ersten Hälfte des 20. Jahrhunderts, dieses unermessliche Ausmaß an menschlicher Kälte im Umgang mit Mitmenschen in Zukunft zu verhindern. Levinas war nämlich selbst von dem Terror Nazideutschlands aufgrund der Ermordung seiner Familie in deutschen Konzentrationslagern betroffen. Levinas machte für all diese Grausamkeit die Denkweise des Abendlandes, die stets im Umgang mit dem Dasein dasselbe zu einem Forschungsgegenstand machte und so die eigentlich nötige Empathie im Umgang der Menschen untereinander nicht darstellte, sondern sich stets auf das Dasein alleine bezog und dieses zur Grundlage über das Denken über Mitmenschen machte, mitverantwortlich.

Levinas stellt dem Subjekt, dem Dasein, ein Objekt, den „Anderen", gegenüber. Die Problematik der westlichen Gesellschaft und ihrer Philosophie ist ihre Fixierung auf das Subjekt. Von Descartes über Fichte nämlich wurde vor allem im Zuge des deutschen Idealismus das „Ich" als absolut dargestellt, nur von ihm ging jegliches Denken aus[26]. Die Folge war laut Levinas eine Art des Solipsismus des Ich, eine Totalität, in der der Andere nie genau wahrgenommen wurde, und selbst wenn dies geschah, so doch nur unter den Kategorien, mit denen das „ich" betrachtet wurde. Dieses Ich als Subjekt stand stets als vom Sein isolierte Existenz, wodurch das Dasein stets abstrahiert und nie in seiner eigentlichen Form – im Mit-Sein mit anderen[27] – betrachtet wird. Das Objekt wird dann auch aus dem Denkschema des Subjekts taxiert und ähnlich einem Gegenstand erdacht. So kann der Gegenüber aber nie als „einzigartige Persönlichkeit wahrgenommen werden"[28] (siehe Abbildung[29]).

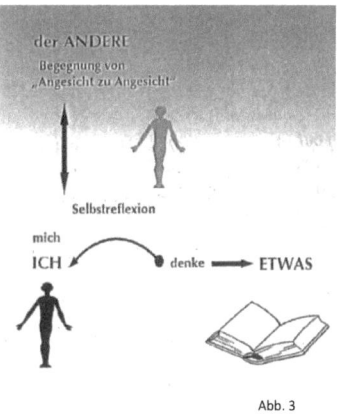

Abb. 3

[25] Auszug aus der Biographie Emmanuel Levinas zur Verankerung seiner Philosophie in seinem Lebenslauf: Geboren am 12. Januar 1906 / Gestorben am 25. Dezember 1995
Emmanuel Levinas war ein Sohn des Buchhändlers Jehile Levinas und seiner Ehefrau Dwora, der mit der Tora und der klassischen russischen Literatur von Puschkin, Tolstoi und Dostojewski aufwuchs, studierte ab 1923 Philosophie an der Universität Straßburg. Von 1927 bis 1928 setzte er sein phänomenologisches Studium fort an der Albert-Ludwigs-Universität Freiburg bei Edmund Husserl und Martin Heidegger. 1930 promovierte Levinas mit der Dissertation zum Thema *Théorie de l'intuition dans la phénoménologie d' Husserl* (dt. *Die Theorie der Anschauung in der Husserlschen Phänomenologie*). Im selben Jahr erhielt er die französische Staatsbürgerschaft.
1931 übersetzte Levinas zusammen mit Gabrielle Pfeiffer die *Cartesianischen Meditationen* von Husserl. Von 19: arbeitete er in Paris an einem Ausbildungsinstitut für jüdische Lehrer. Levinas geriet 1940 in deutsche Kriegsgefangenschaft und kam in ein Lager in der Lüneburger Heide. Als er 1945 erfuhr, dass seine Eltern und Brüder in Litauen der nationalsozialistischen Ausrottungspolitik zum Opfer gefallen waren, schwor er, nie wieder deutschen Boden zu betreten. 1946 wurde Levinas Direktor der École Normale Israélite Orientale, wo er Philosophie lehrte. (Quelle: http://de.wikipedia.org/wiki/Emmanuel_Levinas ; Stand: 14.02.15 16:46)
[26] Levinas spricht deshalb auch vom Ich als der „Primat der Ontologie", weil jegliches philosophisch-ontologisches Denken auf den Menschen als Subjekt fixiert war und dieses stets bevorzugt und hervorgehoben betrachtet wurde.
[27] Der Begriff des Mit-seins ist hier von Heidegger entlehnt, dessen Schüler Levinas war.
[28] Leben gestalten, S. 129
[29] Abbildung aus: ebd.

Die ethisch notwendige Folge daraus ist für Levinas, dass die Interaktion mit dem „Anderen" nicht aus der gleichen Sichtweise wie auf das Subjekt als Forschungsgegenstand durch die Existenzphilosophie erfolgen darf, dass es nicht als Teil des amorphen Seins gegenüber dem egozentrischen Dasein erdacht wird, sondern dass das Gegenüber als individuelle, besondere Existenz gesehen wird. So wird auch die eigene Existenz vervollständigt, man wird dem „Ich-Denken" entrissen und begegnet so dem Anderen von Angesicht zu Angesicht, die Grenzen des Subjekt-Objekt-Denkens werden überwunden. Dieser Akt der Empathie zeigt dem Menschen, dass sein Gegenüber genauso einzigartig und schützenswert wie er selbst ist. Daraus entspringt dem Menschen die Maxime, den anderen zu schützen, Verantwortung für ihn zu übernehmen und dafür auch die eigene Freiheit zu opfern. Mit diesem Verantwortungsbewusstsein erreicht der Mensch den Zustand, in dem es unmöglich ist, dem Anderen etwas anzutun, den Zustand der Menschlichkeit.

2.2 Das christliche Menschenbild

Den gerade vorgestellten modernen Menschenbildern soll nun ein um Jahrtausende älteres, in einer völlig anderen Weise dargestelltes Menschenbild gegenübergestellt werden, nämlich das der Bibel, des zentralen Bestandteils des christlichen Glaubens[30]. Der Unterschied zu den vorhergegangenen Menschenbildern ist vor allem, dass es sich hierbei um das Menschenbild einer Religion handelt, während es sich bei den anderen um rein philosophische, beziehungsweise soziologische Menschenbilder handelte. Außerdem wurde das christliche Menschenbild nicht von nur einer Person geprägt, sondern über Jahrtausende hinüber zusammengesetzt. Daher ist es sehr schwer ein einziges konsistentes biblisches Menschenbild darzustellen, weil die Bibel viele Anknüpfungspunkte dafür bietet. Somit erhebt die folgende Darstellung dieses Menschenbildes keineswegs den Anspruch auf eine absolute Vollständigkeit, sondern nur darauf, einen konsistenten Eindruck der wichtigsten Momente zu vermitteln.

2.2.1 Freiheit als Zeichen der Gottähnlichkeit

Ausgangspunkt dieses biblischen Menschenbildes ist die Schaffung des Menschen im Zuge der göttlichen Schöpfung. Im ersten Schöpfungsgesang wird der Mensch am fünften Tag der Schöpfung als letztes Produkt der Schöpfung von Gott nach seinem Abbild geschaffen[31]. Gott gibt dem Menschen die Erde zur Verwaltung und setzt ihn als Herrscher über sie ein. Daher hat der Mensch eine exponierte Stellung in der Schöpfung inne, nämlich als gottähnlicher Verwalter der Erde, er ist „nur wenig geringer gemacht als Gott"[32]. Der Glaube, dass der Mensch von Gott geschaffen wurde, hat für das Chri-

---

[30]Daher werden im Folgenden die Ausdrücke des „christlichen", „biblischen" und später des „Menschenbildes bei Paulus" synonymisch verwendet
[31] Vgl. Gen 1,27 (Da es sich hierbei um eine Einheitsübersetzung handelt werden im Folgenden nicht Seitenzahlen, sondern Verse angegeben, sodass der Leser jede beliebige Einheitsübersetzung zur Überprüfung nutzen kann.)
[31] Ps 8,6f
[32] Gen 3,19

stentum die Konsequenz, Gott als die höchste Macht anzusehen, woraus folgt, dass Gott das höchste und beste Wesen vom Menschen in seinem Leben angestrebt werden muss.

Hier stellt sich die Frage, was den Menschen so ähnlich zu Gott macht. Antwort darauf liefert der nächste Schöpfungstext Genesis 2,4b-25. In ihm wird erneut die Schaffung des Menschen beschrieben, allerdings mit genauerer, teilweise ortsverankerter Beschreibung. Der Mensch wird von Gott in den Garten Eden gesetzt, der als paradiesisch beschrieben wird; ihn soll der Mensch verwalten, allerdings mit der Einschränkung, nicht vom Baum der Erkenntnis über Gut und Böse zu essen. Diese Einschränkung aber missachtet der Mensch in Form von Adams Frau Eva, die sich von der Schlange verführen lässt, eine Frucht vom Baum der Erkenntnis zu essen und auch Adam lässt sich verführen. Hier wird gezeigt, dass der Mensch frei in seiner Entscheidung ist. Gott hat dem Menschen zwar geboten, nicht vom Baum der Erkenntnis zu essen, dies hindert den Menschen jedoch nicht daran, es zu tun. Die Gottähnlichkeit des Menschen zeigt sich hier in der Freiheit des Willens und der Möglichkeit des eigenmächtigen Handelns, der Möglichkeit die Frucht zu essen oder nicht.

2.2.2 Menschsein als Sünder

Durch diese Episode zeigt sich aber auch, dass der Mensch immer versucht, sich Gott anzunähern, oder sogar ihm gleich zu werden, in diesem Fall durch den Versuch, sich eine wesentliche Fähigkeit oder sogar den Inbegriff Gottes anzueignen, die Erkenntnis von Gut und Böse. Bei diesem Versuch verliert er seine Nähe zu Gott und wird aus dem Garten Eden verbannt. Ferner verliert der Mensch so seine Unsterblichkeit, wie Gott zu Adam sagt: „[Du sollst leben] bis du zurückkehrst zum Ackerboden; von ihm bist du ja genommen. / Denn Staub bist du, zum Staub musst du zurück."[33] Dieser Akt der Hybris ereignet sich in der folgenden biblischen Geschichte immer wieder, symbolhaft dargestellt im Turmbau zu Babel[34]. In verschiedenen Formen wiederholt sich diese Versuchung an Gott in der Bibel und (aus christlicher Sich) auch in heutiger Zeit: Stets versucht der Mensch eine nur Gott zukommende Eigenschaft zu erlangen, sei es im Nehmen von Leben bei Kain und Abel, oder in jedem beliebigen Mord und jedem Akt der Selbstüberschätzung (im Sinne eines übermenschlichem, beziehungsweise Menschen nicht zustehenden Handelns) in heutiger Zeit. Diese Ereignisse zeigen das Menschsein als ein stetiges Wie-Gott-sein-Wollen, ein Drang nach Selbstüberschreitung auf, durch das der Mensch Gott aber nicht näher kommt, sondern sich von ihm entfernt.

Diese Freiheit auch hierzu ist aber notwendig schon darin impliziert, dass der Mensch nach Gottes Ebenbild geschaffen ist, weil Gott in seiner Allmächtigkeit von nichts begrenzt ist; Der Mensch ist zur Freiheit und Selbstbestimmung über die ihm von Gott gegebene Schöpfung, er ist als Herrscher geschaffen, wodurch er ein „wenig geringerer als Gott"[35] ist.

---

[34] Gen 11,1-9
[35] Ps 8,6

Es liegt also beim Menschen, ob er sich in all seinen Lebenssituationen für oder gegen Gott entscheiden will. Nur durch diese freie Entscheidung kann sich der Mensch sich auch wirklich „für Gott" entscheiden, weil so die Entscheidung beim Menschen liegt und ihm nicht vorgegeben ist.

Was aber bedeutet es, sich für oder gegen Gott zu entscheiden, wie soll der Mensch seine Freiheit dazu nutzen, im Gegensatz zu der vorher gezeigten Sünde als Hybris? Diese Entscheidung soll im Folgenden erörtert werden.

2.2.3 Der Mensch zwischen „Fleisch" und „Geist"

In der Seele des Menschen, seinem nichtstofflichen Teil, treffen zwei einander widerstreitende[36] „Prinzipien" aufeinander: Die des Fleisches und die des Geistes[37].

Der Geist wurde dem Menschen im Zuge der Schöpfung durch Gott eingehaucht[38], also ist dieser Geist etwas göttliches, eine Art Verbindung zu Gott. Johannes schreibt dazu: „Er [Gott] hat uns von seinem Geist gegeben."[39]. Dieser Geist zeigt sich auch für die Auferstehung des Menschen als essenziell: „Wenn nun der Geist dessen, der Jesus von den Toten auferwecket hat, in euch wohnt, so wird er, der Christus von den Toten auferweckt hat, auch eure sterblichen Leiber lebendig machen durch seinen Geist, der in euch wohnt."[40] Der Geist ermöglicht dem Menschen also, zu Gott zurückzukehren und ewig zu leben, er leitet den Menschen zu Gott. Ferner zeichnet sich der Mensch durch den Geist vor der übrigen Schöpfung, den Tieren und der übrigen Natur, aus. Dadurch hat auch der Leib, in dem die Seele sitzt, im Christentum einen hohen Stellenwert[41], er wird als „Tempel des Heiligen Geistes"[42] bezeichnet, weil in ihm ein „Teil" Gottes, die Verbindung zu Gott in Form des Geistes ist.

„ „Fleisch" bezeichnet in biblischer Überlieferung das Irdische und Vergängliche, das, worauf man sich nicht verlassen darf, wenn man nicht der Sünde verfallen will."[43] Eine genauere Definition vermittelt Paulus nicht, er zeigt nur immer wieder auf, dass das „Fleisch" eine Gegenbewegung zum „Geist" ist, etwas, was gegen Gott strebt und somit im Christentum der falsche Weg für den Men-

---

[36] Vgl. Gal 5,17
[37] Diese beiden Polaritäten sind auf keinen Fall stofflich gemeint, es sind vielmehr Arten der Entscheidung des Menschen, entweder für oder gegen Gott.
[38] Vgl. Gen 2,7: Diese bildhafte Beschreibung gründet auf dem griechischen Wort πνευμα, das im Deutschen sowohl mit „Atem" als auch mit „Geist", in der Einheitsübersetzung der Bibel dann daraus synthetisch als „Lebensatem" übersetzt wird. Zur Verdeutlichung der vielfältigen Bedeutung des πνευμα in diesem Kontext, nämlich als „Geist" im Menschen folgt ein Ausschnitt aus dem griechisch-deutschem Wörterbuch „Gemoll":
To πνευμα: 1. Hauch, Luftstrom; 2. Atem a. Odem, Leben b. Seele, Geist, Mut, Begeisterung, Feuer; Heiliger Geist
Die mögliche Doppelbedeutung als „Atem" und „heiliger Geist" zeigt, dass sich die "Begabung zu leben" immer auf Gott bezieht. Er macht dieses Leben erst möglich.
[39] 1 Joh 4,13b
[40] Röm 8,11
[41] Ich führe dies an, um zu zeigen, dass das Christentum keineswegs nur die von Nietzsche kritisierte „leibfeindliche" Religion ist. Die absolute Ablehnung jeglicher Körperlichkeit, etwa durch christliche Asketen, ist nicht unmittelbar in der Bibel verankert und somit auch keine christliche Verhaltensvorschrift.
[42] 1 Kor 6:19
[43] Anmerkung zu Röm 8,1-11

schen ist. An eine Gemeinde schreibt Paulus folglich: „Wer vom Fleisch bestimmt ist, kann Gott nicht gefallen."[44]

Diese beiden Pole[45] bestimmen das Leben eines jeden Menschen, zwischen ihnen entscheidet er sich bewusst oder unbewusst[46]. So lebt der Mensch entweder gemäß dem Fleisch, oder gemäß dem Geist. Zwischen diesen beiden Seinsarten muss sich der Mensch offenbar entscheiden, dies ist die Entscheidung für oder gegen Gott.

Nun ist zu prüfen, was eine Lebensart „nach dem Fleisch" und „nach dem Geist" bedeutet.

Bereits vorher wurde herausgearbeitet, dass ein Mensch, der von Sünde beherrscht wird als „Fleisch" bezeichnet wird. Die Sünde muss also ausschlaggebend für eine „fleischliche" oder eine „geistliche" Handlung sein.

Zunächst ist die Sünde negativ ausgedrückt eine Zuwiderhandlung gegen Gottes Gesetze. Jesaja konkretisiert die Definition: „Wir kennen unsere Schuld: Untreue und Verleumdung des Herrn, Abkehr von unserem Gott"[47], wie es auch Adam und Eva taten. Diese Abwendung von Gott beobachtet Paulus, wie er in seinen Briefen berichtet, ohne jedoch das „Fleisch" genau zu definieren.

Er zeigt nur immer wieder auf, dass das Leben „nach dem Fleisch" zum Tod führt, zu einem ganzheitlichen Tod, von dem auch die Seele betroffen ist und wie sich das Fleisch auf das Handeln des Menschen auswirkt. „Offenkundig sind aber die Werke des Fleisches, als da sind: Unzucht, Unreinheit, Ausschweifung, Götzendienst, Zauberei, Feindschaften, Streit, Eifer, Zornausbrüche, Selbstsüchteleien, Zwietracht, Parteiungen, Neid, Trunkenheit und Schwelgereien und dergleichen, wovon ich euch voraussage, wie ich vorausgesagt habe: Die solches tun, werden Gottesreich nicht erben." Ohne genauer auf eine dieser „Werke" einzugehen, so haben diese Wirkungen doch eines gemeinsam: Sie beziehen sich auf den Körper und haben zum Ziel, dass der Körper eine (subjektive) Bereicherung erlebt. Diesen Drang nach der „Bereicherung" beobachtet Paulus, den Ursprung für diesen Drang nennt er „Fleisch". Diese „Bereicherung" ist ein stetiges Mehr-Wollen von dem irdischen, dem, was er auf der Erde findet und nach dem er dann strebt, etwa Reichtum und Besitz. Für den Körper bedeutet sie aber auch gleichzeitig, dass der Mensch sich auf diesen fixiert und dadurch den Bezug zum Geist verliert, zu dem, was ihn mit Gott verbindet, das Mensch-sein wird einzig und allein als Körper-sein wahrgenommen. Somit ist das Fleisch der Antipode zum Geist, eine negative Kraft, die den Menschen immer vom Geist und somit von Gott abzubringen versucht[48].

---

[44] Röm 8,8
[45] Die Schwierigkeit hier besteht, dass das „Fleisch" und der „Geist" nicht als Seinsarten treffend beschrieben sind. Es sind vielmehr Polaritäten, die den Menschen beeinflussen und zu denen sich wenden kann oder nicht.
[46] Gal 5,17
[47] Jes 59,12b-13b
[48] Diese Kraft des Fleisches kann durchaus etwa in Goethes „Faust" durch Mephisto verkörpert gesehen werden. Dieser beschreibt sich nämlich eben als „ein Teil jeder Kraft, die stets das Böse will" und als „Geist, der stets verneint". Mephisto versucht, Faust (vgl. Mensch) von Gott zu entfernen. Dies tut er, indem er Faust zuerst in Auerbachs Keller führt, eine Kneipe, in der sich die Menschen betrinken (vgl. Bereicherung für den Körper als Trunkenheit in den „Werken des Fleisches" bei Paulus!).

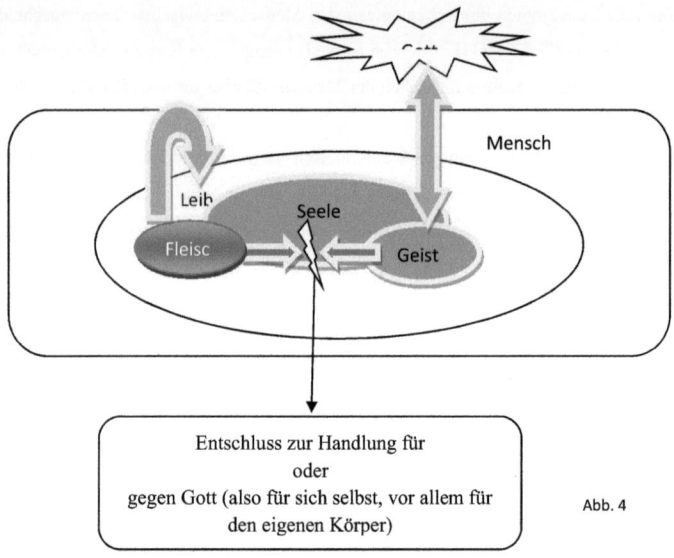

Entschluss zur Handlung für
oder
gegen Gott (also für sich selbst, vor allem für
den eigenen Körper)

Abb. 4

„Nach dem Geist" zu leben heißt folglich, sich nicht vom „Fleisch" vereinnahmen zu lassen, sondern seine gottgegebene Freiheit positiv zu nutzen. „Ihr seid zur Freiheit berufen, Brüder. Nur nehmt die Freiheit nicht zum Vorwand für das Fleisch, sondern dient einander in Liebe! Denn das ganze Gesetz ist in dem einen Wort zusammengefasst: Liebe deinen Nächsten wie dich selbst![49][…]Darum sage ich: Lasst euch vom Geist leiten, dann werdet ihr das Begehren des Fleisches nicht erfüllen."[50] Seine Freiheit positiv zu nutzen heißt folglich im Christentum, sie als Verantwortung, als Berufung zu sehen und zu leben und sich dabei nicht nur vom eigenen Verlangen, von den eigenen körperlichen Bedürfnissen (Luxus, Besitz) leiten zu lassen, sondern zum Dienst an Anderen und in Liebe zu ihnen zu leben, wie Jesus in der Bergpredigt bekräftigt[51]. Das bedeutet, dass der Mensch erst in der Liebe zu seinen Mitmenschen zu Gott findet, und somit dem „Fleisch", als einer Art Selbstsucht, entgeht, sich durch die Liebe ein Stück weit selbst aufgibt und für seine Nächsten und nicht nur für sich selbst zu handeln. Dies ist das vom Christentum für den Menschen im Zusammenleben mit seinen Mitmenschen geforderte Handeln, das den Menschen zu Gott führt: „Gott ist die Liebe, und wer in der Liebe bleibt, bleibt in Gott, und Gott bleibt in ihm"[52]

---

[49] Lev 19,18
[50] Gal 5,13-17
[51] Mt 5,43-48
[52] 1 Joh 4, 16

2.3 Vergleich des jasperschen mit dem christlichen Menschenbild

Im Folgenden sollen nun zwei Menschenbilder verglichen werden, die in einem Abstand von mehr als 1900 Jahren entwickelt wurden. Ob dieser zeitliche Unterschied veranlasst, dass diese beiden Menschenbilder grundverschieden sind, soll nun anhand von mehreren Anknüpfungspunkten geklärt werden.

Wie bereits oben dargelegt, steht der Mensch bei Jaspers als Dasein vor der Wahl, sich in Grenzsituationen für „sich selbst" als Existenz zu entscheiden oder Dasein zu bleiben. Das Dasein wurde dabei als die Existenz, die mit Attributen, wie Besitz oder Familie, behaftet ist, sie also besitzt. Der Mensch hat also die Entscheidung zwischen dem Dasein und der Existenz, seinem eigentlichen Selbstsein inne. Als bleibendes Dasein versucht der Mensch, Geborgenheit durch Besitz und Mitmenschen zu erlangen und sich so nicht selbst fühle zu müssen, als auf den Tod zulaufende Existenz. Sämtlicher Besitz ist daher für den Menschen unnütz und hilft ihm nur, sich vor sich selbst zu verstecken.

Dies zeigt durchaus eine Parallele zu dem biblischen Menschenbild auf:

Hier wurde der Mensch zwischen zwei antagonistische Polaritäten - Fleisch und Geist – gesetzt, zwischen denen er sich jedoch frei entscheiden kann. Das Fleisch ist hierbei eine Kraft, die den Menschen von Gott abzulenken. Dies tut es durch eine Polarisierung an den eigenen Körper, durch den Versuch, das körperliche Wohlbefinden unter Anderem durch Besitz zu erreichen.

2.3.1 Menschliche Freiheit als Voraussetzung beider Anthropologien

Eine grundlegende Gemeinsamkeit dieser beiden Menschenbilder ist die Voraussetzung der menschlichen Freiheit und der Individualität des Menschen. Er erfährt keine feste Bindung an Vorgaben oder Weisungen, er ist in seiner Entscheidung faktisch frei, sei es, dass er sich zwischen seinem Sein als Existenz oder als Dasein oder für Gott oder für sich selbst in Form seines Körpers entscheiden kann. Der Mensch muss sich aber in seiner Freiheit für diese jeweiligen Ziele entschließen, er muss selbst entscheiden. Offenbar ist also die freie Entscheidung für ein „positives" Ziel und gegen ein „negatives" Ziel höher geschätzt als der Zwang zu nur einer Möglichkeit. Nur so kann offenbar die Entscheidung bewusst aus dem Menschen kommen, wenn er sich bewusst für seinen Lebensweg entscheidet. Daher müssen auch beide Menschenbilder verschiedene „Lebensentwürfe" – Fleisch, Geist, Dasein, Existenz – bieten, damit der Mensch sich zwischen ihnen erst entscheiden kann.

2.3.2 Egoismus und Besitzsucht als negatives Verhalten

In beiden Entwürfen gibt es nun ein Ziel, eine eigentliche Seinsweise des Menschen: Bei Jaspers das Sein als Existenz, im Christentum das Sein bei Gott. Daher sind beide Ziele des Menschlichen Daseins. In beiden Anthropologien gibt es negative, verstellende Attribute, Tätigkeiten und Interessen, die den Menschen von seinem eigentlichen Ziel abbringen. Das Fleisch als eine Fixierung auf den Körper, das Mensch-sein wird als Körper-sein wahrgenommen, darüber geht das Denken eines Menschen nicht hinaus, der sich vom „Fleisch" leiten lässt. In seinem Denken ist kein Platz mehr für seine Mitmenschen oder gar für Gott, nur Besitz und Lust am eigenen Körper ist das Ziel. Jaspers sieht als von der Existenz, der eigentlichen Seinsform des Menschen, ablenkende Momente die zu einem Dasein gehörenden Attribute. All diese Attribute oder „Werke des Fleisches" haben jeweils keinen dauerhaften Bestand. Die Konsequenzen der beiden Anthropologien ähneln einander: Man soll sich nicht darauf konzentrieren, nur für sich selbst zu handeln, etwa durch das stetige Festhalten und die Fixierung auf Besitz, weil dieser den Menschen von seiner eigentlichen Seinsform – auf Gott oder auf sein eigentliches Selbstsein hingerichtet - abbringt und entfernt.

2.3.3 Zwischenmenschliche Beziehungen als Weg zur eigentlichen Seinsform

Stattdessen zeigt sowohl die Bibel als auch Jaspers den Weg zur eigentlichen Seinsform in der Beziehung zum Nächsten. Dies bedeutet in beiden Fällen, die eigene Freiheit positiv zu nutzen. Die Bibel führt dazu an, dass die Freiheit des Menschen eine Berufung zur Nächstenliebe ist. Jaspers Perspektive weist durchaus Ähnlichkeiten dazu auf, da er die zwischenmenschliche Kommunikation, die Beziehungen und Diskurse der Menschen untereinander als Weg zur zwischenmenschlichen Annäherung, was den Menschen zum Selbstsein führt, deutet. Eben die Kommunikation kann durchaus als Äquivalent zur christlichen Nächstenliebe gesehen werden, weil durch dieses Verhalten, durch die Nächstenliebe und das friedliche Zusammenleben jedes Individuum seine eigentlichen, beziehungsweise zu erstrebenden Seinsweise, als Existenz oder zu Gott, verwirklicht.

2.4 Persönliche Stellungnahme

Beide Menschenbilder zeigen, wie festgestellt, dass wir Menschen uns durch unseren Besitz immer mehr von dem entfernen, was wir selbst sind oder zu was wir gehören. Dieses Denken, dass wir uns durch unseren Besitz immer mehr von uns selbst entfernen, halte ich für sehr beeindruckend, dadurch, dass es jeden Menschen für sich betrifft. Wir alle besitzen, konsumieren und wollen immer mehr haben, unser großes Lebensziel besteht oftmals lediglich aus dem Dreiklang Familie, Auto, Haus. Was uns wirklich angeht, darüber denken wir nicht nach, nämlich darüber, Beziehungen zu knüpfen und Dinge zu erleben, die mir auch noch im Angesicht des Todes wichtig sind, etwa Familie und besondere Erlebnisse. Gerade das jaspersche Denken vermittelt mir eine besondere Aufforderung der Ehrlichkeit vor sich selbst, was für mich von einer größeren Herausforderung zeugt, als das Christentum, das Gott als Ziel und intentionalen Fixpunkt für sein Denken benötigt. Dies nimmt dem anthropologischen Entwurf partiell seine Universalität, seine Kompatibilität mit vielen Menschen, da es als Vorausetzung dafür den Glauben an Gott bei ihnen benötigt, welcher von einem großen Teil der Menschen jedoch nicht ausgeübt wird. Somit halte ich Jaspers Menschenbild für eine etwas zeitgemäßer und universal anwendbarere Darstellung, welche aber inhaltlich große Ähnlichkeiten mit dem biblischen Menschenbild hat.

3 Fazit

Der vorangegangene Vergleich hat gezeigt, dass beide Anthropologien trotz eines zeitlichen Abstandes von fast zweitausend Jahren wesentliche Ähnlichkeiten aufweisen.

Dies ist ein Indiz dafür, dass die christliche Religion die Philosophie des Abendlandes und somit auch auf die weltanschauliche Konzeptionen vieler Staaten wesentlich mitgestaltet hat. Gerade das Bild von dem Menschen als freies, individuelles Wesen trotz der Annahme eines allmächtigen Wesens zeugt davon, dass das Christentum dem Menschen sein Schicksal selbst in die Hand gab und ihm keinen Glaubensweg aufzwang (so jedenfalls die von der Bibel ausgehende Idee). Der Mensch ist im Christentum vielmehr selbst ein Herrscher über sein eigenes Schicksal, das er verwalten kann wie er will.

Diese Konsequenz der Gottebenbildlichkeit hatte sicherlich einen nicht geringen Anteil daran, dass heute in sämtlichen Verfassungen die Unabhängigkeit der Bürger verankert ist, sodass dem Menschen die Möglichkeit gelassen wird, sein Leben selbst zu verwirklichen.

Doch die Wirkung dieser christlichen Perspektive ginge viel weiter über die bloße Einflussnahme auf die Konstitution von Staaten hinaus, würde sie heutzutage ausreichend vermittelt werden: Sie würde die Wandlung der ganzen Gesellschaft zu einem blind-kapitalistischen, raffgierigen Kleptokratie verhindern. Denn sie zeigte als eine der ersten Menschenbilder, dass nicht nur Besitz das einzige Lebensziel eines Menschen sein kann, sondern, dass das Menschsein vor allem in der Liebe zu den Mitmenschen Erfüllung findet.

Diese negiert dadurch das heute besonders aggressive Besitz- und Nutzendenken einer Gesellschaft, die Unmengen an Geldmengen in Sekunden verschiebt, die Wetten auf Lebensmittel abschließt, die zulässt, dass ein kleiner Teil von ihr die Hälfte des weltweiten Vermögens besitzt und die Menschenleben Geldwerte entgegenstellt.

Aufgrund seiner Jahrtausende überdauernder Aktualität, seiner Kompatibilität mit sämtlichen Gesellschaften hat also dieses christliche Weltbild das Potenzial, grundlegend Probleme der ganzen Welt zu lösen. Dabei muss sie dies noch nicht einmal als sie selbst, also über das Medium der Kirche tun; Denn sie hat offenbar Eingang gefunden in die Philosophie neuzeitlicher Denker, wie Karl Jaspers, die diese herausragende Ethik, diese Aufforderung zur Nächstenliebe immer wieder, ungebunden von Religionen, auf andere Weise vermitteln und so allen Menschen, ganz gleich an was sie glauben, zugänglich machen.

Bibliographie

Quellen:

- Die Bibel, Einheitsübersetzung, 2005, Stuttgart, fünfte Auflage, 1980.

- Fromm, Erich: Haben oder Sein, aus dem Englischen von Brigitte Stein, überarbeitet von Rainer Funk, 1990, Stuttgart, 16. Auflage, 1976.

- Jaspers, Karl: Philosophie, Band II, 1973, Heidelberg, vierte Auflage, 1932, S. 201-246.

- Jaspers, Karl: Philosophische Logik - Von der Wahrheit, Band I, 1991, München, vierte Auflage, 1947, S. 53-82.

Sekundärliteratur:

- Papst Benedikt XVI.: Deus Caritas est ; in http://w2.vatican.va/content/benedict-xvi/de/encyclicals/documents/hf_ben-xvi_enc_20051225_deus-caritas-est.html; Stand: 23.03.2015

- Karl Jaspers; Martin Heidegger, in: Dtv-Atlas Philosophie, 2013, München, zweite unveränderte Ausgabe, 1991, S. 43; S. 63; S. 200-201; 206-207.

- Leben gestalten. Unterrichtswerke für den katholischen Religionsunterricht am Gymnasium, 11. Jahrgangsstufe, hrsg. v. Bernhard Gruber, Stuttgart-Leipzig, 1. Aufl. 2001, S. 121-149.

- Kraus, Georg: Blickpunkt Mensch – Menschenbilder der Gegenwart aus christlicher Sicht, 1983, München.

- http://de.wikipedia.org/wiki/Emmanuel_Levinas, Stand: 14.02.15 (lediglich für Levinas´ Lebenslauf genutzt).

- Gemoll. Griechisch-Deutsches Schul- und Handwörterbuch, von W. Gemoll und K. Vretska, München-Düsseldorf-Stuttgart, Zehnte, völlig neu bearbeitete Auflage 2006, S. 653

- Krewani, Wolfgang: Lévinas, Emanuel; in „UTB-Online-Wörterbuch Philosophie": http://www.philosophie-woerterbuch.de/online-woerter-buch/?tx_gbwbphilosophie_main%5Bentry%5D=30&tx_gbwbphilosophie_main%5Baction%5D=show&tx_gbwbphilosophie_main%5Bcontroller%5D=Lexicon&no_cache=1 (Stand: 22.02.2015; 13:07)

Abbildungsnachweis:

- Abbildung 1: Franz-Peter Burkard: Dtv-Atlas Philosophie, 2013, München, zweite unveränderte Ausgabe, 1991, S. 200.
- Abbildung 2: eigene Darstellung
- Abbildung 3: Leben gestalten. Unterrichtswerke für den katholischen Religionsunterricht am Gymnasium, 11. Jahrgangsstufe, hrsg. v. Bernhard Gruber, Stuttgart-Leipzig, 1. Aufl. 2011, S. 129.
- Abbildung 4: eigene Darstellung